LE MODERATEUR ET LA MODERATION :

Pour un culte à Dieu

Bavé D. MAPAMBOLI

DEDICACES

Je dédie ce manuel à tous les serviteurs de Dieu, ouvriers, appelés dans l'œuvre de Dieu et à tous les lecteurs des églises locales partout au monde.

Je le dédie aussi à tous ceux qui ont porté leur forte contribution à sa réalisation, particulièrement ma femme **Dorcas B. MAPAMBOLI** *pour ses multiples tâches.*

Enfin ma dédicace se dirige vers nos enfants, nos parents et à toute ma grande famille biologique de partout où ils se trouvent.

Bavé D. MAPAMBOLI

REMERCIEMENT

Nous remercions ici les pères et encadreurs, notamment : Bishop D. OPESE, Apôtre Marcelo TUNASI, Apôtre Baobab LENGA, Apôtre Dodo NDOMBASI, Pasteur Bukas BASUMBANDEK, Pasteur Hubert MALEKANI, Pasteur Timothée MASAMBA, Pasteur Daniel DIASIKILA, Prophétesse Babeth EKANGA

Merci également à tous les hommes de Dieu, frères et sœurs en Christ, amis, : Pasteur Darcy GAMBAMBA, Prophète Randy KAYEMBE, Sylvie KANGA, Coco DIASIKILA, Ruth BANYELE, Exaucé KABUDJA, Olivier TSHIKALA, pour votre soutien

Que tous ceux qui, de loin ou de près, nous ont aidé à présenter ce manuel, trouvent ici l'expression de notre profonde gratitude. Soyez tous bénis au nom de Jesus Christ.

Bavé D. MAPAMBOLI

AVANT PROPOS

Aujourd'hui, les cultes se déroulent de façon qui n'honore plus Dieu et qui ne reflète plus la mission de l'église sur terre. Les leaders des églises commencent à imposer des modèles de modération qui prennent plus tendance de leur choix ou qui mettent leur personnalité au premier rang au lieu d'élever celui pour qui nous nous réunissons. Tout est axé sur la gloire personnelle, les principes d'un bon culte ne sont plus observés dans les églises simplement parce que Dieu n'est plus au centre ni dans les cœurs des chrétiens.

Dans ce manuel, il est donc question d'aider l'église locale, les serviteurs de Dieu, de bien comprendre et remplir leurs tâches afin de présenter à Dieu un bon culte et lui rendre la gloire qu'il mérite.

Nous nous tâcherons de parler selon l'aide du saint esprit, des concepts clés qui constituent le but principal dudit manuel : **Modération**, **Culte** ainsi que le **modérateur**.

Cependant une bonne modération dans un culte ne démontre pas seulement la beauté de ce culte ou ne fait pas seulement la fierté de celui qui le préside mais aussi ça définit l'ordre.

L'on peut dire de la modération, qu'elle est une occasion d'offrir à Dieu sa place qui lui est agréable. Un travail pratique, mais aussi spirituel en faveur du royaume de Dieu et de celui qui l'exerce.

Savoir ou mettre en pratique quelques conseils énumérés tout au long de ce livre, permettra aux serviteurs de corriger beaucoup d'erreurs, d'améliorer leur façon de diriger des cultes du Seigneur. Un accent est mis sur le *COMMENT* devenir un bon modérateur des cultes, quelles sont les causes majeures de l'échec d'une modération et quelles sont les bonnes habitudes que doit avoir un modérateur. Bref comment une modération peut être bien faite pour la réussite d'un culte rendu à Dieu.

Chapitre premier :
LE CULTE

Le culte selon la liturgie (science qui étudie le déroulement du culte), reste un mode de vie quotidienne d'un chrétien, une occasion pertinente pour les croyants d'exprimer leur amour et dévotion à Dieu. Le culte n'est pas le simple fait d'écouter seulement la parole ou la célébration de la sainte cène.

QUELQUES RAISONS QUI MOTIVENT DE VENIR AUX CULTES

La raison principale reste la soif de Jesus mais il y a aussi tant d'autres :

- La **Soif** de la présence de Dieu (la qualité de louange et adoration avec les chantres)
- L'**Ordre** et l'**excellence** dans l'organisation des choses (le protocole d'accueil, la bonne impression vis à vis de tous, les nouveaux venus). Dieu aime l'ordre et n'aime pas le désordre.
- Le **Sérieux** du pasteur, ses collaborateurs et même ses fidèles. Surtout la grande maturité de l'église. Le sérieux attire vers Dieu.
- La **Connaissance** et la **qualité** des enseignements ou encore la **profondeur** de la parole.

1. **DEFINITION**

Un culte est avant tout une *ADORATION* rendue à une autorité suprême, un hommage à une divinité. Et lorsqu'on parle du culte à DIEU, nous faisons allusion à une relation de l'adorateur avec Dieu. C'est à dire rendre un culte n'est rien d'autre que l'action d'honorer, vénérer ou d'adorer le grand Dieu.

Le culte est donc cette réunion entre Dieu et sa créature au sujet de reconnaissance et d'adoration que l'on lui doit. Ici l'homme met en pratique cette réciprocité du fait que Dieu l'a protégé, béni, sanctifié, et qui à son tour doit un maximum de gratitude à ce Dieu.

Le culte n'est pas le simple fait de bien s'habiller et présenter aux autres comment tu es beau ou belle, mais tu viens pour adorer Dieu de tout ton être (corps, âme et esprit). Donc même ton habillement doit adorer Dieu.

Venir au culte doit faire l'objet d'un grand besoin de toute personne consciente de ce qu'elle est ou ce qu'elle a reçu de Dieu et qui décide personnellement de lui rendre les adorations dignes de ce nom. C'est se présenter devant Dieu, non seulement pour écouter sa parole, manger à sa table ou communier avec les frères et sœurs, mais pour faire une rencontre personnelle avec lui.

NB : *Le culte n'est pas seulement un moment de prédication ni de prière de confession des péchés mais il englobe tout cela dans son ensemble.*

2. CARACTERISTIQUES D'UN CULTE A DIEU

Un culte dans son ensemble doit répondre à un bon nombre de normes pour bien définir son sens, physiquement ou spirituellement. En cela nous disons un bon culte doit :

- Etre centré sur la personne de Jésus

Si la définition du mot culte renvoi à l'adoration, il est évident que seul Jésus soit le sujet de toute célébration dans un culte. Le Pasteur ne doit pas prendre gloire à la suite d'un miracle qui arrive dans la vie des fidèles au travers de sa prière. **ESAIE 42:8; EXODE 13:5**.

Cette adoration ou ce culte à Dieu doit se baser simplement sur ce que Dieu est et a fait, c'est à dire ses attributions, sa personne, ses œuvres... Donc ça ne doit pas être fruit d'un sentiment personnel, de sensibilité ou d'une quelconque circonstance émotionnelle. Le principal thème d'un culte doit être Jésus et toute sa vie du début jusqu'à l'heure actuelle.

- Etre agréable à Dieu

Selon le passage de **HEBREUX 12:28-29**, un culte doit porter ce statut d'être agréable à Dieu dans toutes les formes, autrement il est question de tout faire pour présenter à Dieu un travail qui va lui plaire et non ce qui nous plaira. On ne donne pas ce qui est mieux à nous mais plutôt ce qui plait à sa divinité car c'est à lui qu'appartient tout le culte.

Le sérieux, la piété, la crainte, le cœur et autres, sont des choses que ce passage explique concernant le culte agréable qu'il nous faut à Dieu.

- Etre totalement de l'esprit

Un bon culte selon **JEAN 4:23-24; PHILIPPIENS 3:3,** est avant tout spirituel et non une cérémonie ou rituelle habituelle de la part des chrétiens. Même si dans l'ancienne alliance il a été bien défini de manière physique comment devrait se dérouler le culte mais ici l'accent n'est pas mis sur l'aspect extérieur avec tous les ustensiles que nous connaissons mais plutôt sur la **FOI** et le **Saint Esprit.**

Ces passages nous enseignent beaucoup de choses telles que : un culte est une activité spirituelle vis à vis de notre Dieu car étant une adoration, il nous exige de l'adorer en esprit et en vérité.

Le Saint Esprit doit être le maître de tout le déroulement du culte du début jusqu'à la fin, car il est le seul à nous inspirer les choses à dire à Dieu. D'où il est important dans un culte de chercher toujours la direction du Saint Esprit, **1 CORINTHIENS 2:9-11.**

- Etre raisonnable

ROMAIN 12:1. Un culte exige une totalité d'offrande de son corps, se sacrifier pour Dieu dans un culte, c'est lui être raisonnable, dans la sainteté et amour sincère pour l'intérêt de son royaume.

3. LIEU DU CULTE

- Un culte doit se dérouler dans un lieu qui est saint car le Dieu que nous adorons est saint, **EXODE 3:5**. Il faut toujours que le lieu dans lequel tu viens rendre un culte à l'honneur de ton Dieu soit sanctifié.

- Un culte doit se dérouler dans un lieu propre physiquement, qui mettra tout le monde à l'aise, l'entretenir proprement. La saleté est l'une des activités du diable qui peut empêcher la gloire divine. C'est une maison de Dieu et non un marché ni un siège des partis politiques. **MATTHIEU 21:12-13**. Cependant, il doit être l'endroit le plus respecté même pendant son inactivité. (Par exemple utilisation des phones, causeries inutiles, y manger)

- Le lieu du culte est géré par Dieu lui-même et au travers des humains, cela veut dire ces derniers doivent nécessairement être en mesure de le sécuriser et le protéger contre toute attaque nuisible. Ils sont des sentinelles du lieu de culte physiquement tout comme spirituellement.

- Il doit être construit selon le modèle de Dieu et non du siècle présent, ou semblable aux endroits qui réunissent des activités pècheresses.

4. ETAPES D'UN CULTE

Un culte se dirige selon l'esprit, mais aussi selon la doctrine de chaque église qui permet ou pas certaines pratiques lors du déroulement d'un culte. Donner une composition fixe nous serait une arduité, sans moyen d'approfondir notre expérience avec le Seigneur, étant donné les principes du culte dans l'ancienne alliance ne sont plus d'actualité dans son ensemble dans les pratiques d'aujourd'hui, vu l'évolution des choses ou la révélation de chaque dispensation, c'est à dire il s'agit ici du modèle de présentation ou de la formule commune d'un culte qui est un sujet complexe selon les religions, les doctrines, les croyances et autres. Généralement pour les cas des églises chrétiennes protestantes, le culte se compose des étapes suivantes : la **modération** (qui couvre presque plusieurs autres sous étapes et constitue la base cet ouvrage), **la prédication**, **le service des offrandes**, **les communiqués** et d'autres sujets qui peuvent s'improviser selon l'organisation ou le programme de l'église ou du culte. En gros ces éléments constituent l'ensemble d'un culte à notre Dieu.

Dans ce même point, notons qu'un bon culte doit être conçu, préparé en conséquence car il s'agit d'un service d'adoration que le diable a toujours envié et lequel il va à tout prix combattre.

Le culte qui permet aux gens de s'approcher de Dieu, est un culte très bien préparé. Comme disait un Pasteur en France il passe plus de temps à préparer un culte qu'à écrire une prédication.
Néanmoins il y a plusieurs façons de diriger un culte mais toutes demandent une préparation appropriée.

5. CE QUI DETRUIT UN CULTE

- Une mauvaise préparation, mauvaise organisation
- Manque du respect de l'heure ou des hommes
- Diriger charnellement, par son intelligence ou ses capacités
- Manque de professionnalisme (pour les cas par exemple de nouveaux modérateurs, ils doivent apprendre avant de passer diriger un culte)
- La transformation du culte à une autre chose
- La recherche de la gloire individuelle et non de Dieu. **EXODE 34:14**
- Le règlement de compte avec d'autres églises ou autres leaders
- L'idée d'être toujours rémunéré avec l'argent pour le service rendu
- Le mauvais aspect physique de ceux qui sont censés diriger le culte
- L'absence ou la non-participation de tous.

Chapitre deuxième :
LE MODERATEUR

1. DEFINITION

Autrement appelé Maitre de cérémonie ou conducteur d'un culte, c'est toute personne (choisie par Dieu) qui se tient devant les foules dans l'église pour diriger le programme du culte avant l'écoute de la parole. Il joue le rôle du préparateur du culte pour toutes les étapes dont la principale est la parole de Dieu. **JEAN 1:23.**

C'est lui qui donne la direction de ce qui va se passer, il peut donc tuer ou donner vie au culte. Il est le conducteur du culte dans son ensemble, cela veut dire la réussite ou l'échec du culte dépend aussi de sa façon de le conduire ou le présider. Il met les fidèles en connexion avec leur Dieu autour d'un but qui est celui de l'adorer.

Il ne dirige pas seulement le programme d'un culte sur le plan physique mais il exerce aussi un travail spirituel, en dirigeant en même temps les esprits des hommes et femmes présents dans le lieu du culte y compris le débordement ou le désagrément du début jusqu'à la fin, il connait et maitrise bien l'état spirituel de l'église.

Il facilite l'œuvre du Saint Esprit dans un culte par sa façon de contrôler le service. Il sert de pont entre les hommes et la présence divine.

Larousse dit qu'il est celui par son action, tend à tempérer ce qu'il peut y avoir d'excessif. Limiter les excès c'est à dire un homme de l'ordre et un leader capable de stopper toute trouble ou tout mauvais mouvement pendant le culte.

Bref, un modérateur d'un culte est celui qui aide l'assemblée à s'approcher et se connecter à Dieu pour le célébrer.

NB : Un modérateur n'est pas un prédicateur, ni leader éternel de toute l'église ou le chef des âmes, ni la bouche autorisée de Dieu lors d'un culte. *Un mauvais modérateur est égal au mauvais culte*.

2. FONCTION OU ROLE

Un modérateur a comme fonction ou rôle, de modérer, présider un culte. Le but principal est de diriger l'assemblée vers une direction bien précise qui est Jésus Christ, l'adorer, le louer, l'élever.

Il joue un rôle de *ICEBREAKER*, c'est à dire certains fidèles peuvent venir au culte comme des glaces (lourds, cassés, fatigués) et lui doit les décongeler. Cette fonction fait partie de son job description.

Il joue aussi le rôle avec l'aide du Saint Esprit, de faire voir Dieu, Jésus Christ à l'assemblée. Pour y arriver, il doit donc disparaitre, car il est juste le nuage qui cache le soleil.

Le modérateur a une très grande et importante responsabilité, il n'est pas là pour occuper les gens avec ses beaux discours avant la parole de Dieu mais c'est pour les conduire vers la présence du Seigneur, devant le trône de Dieu pour vivre l'action du Saint Esprit.

3. CARACTERISTIQUES

On doit remarquer dans tout modérateur ce qui suit :

- Un **Zele** fort et personnel : Il doit être le plus assoiffé pour rendre d'abord lui-même un culte à Dieu, manifester cette soif d'effectuer ce travail sans s'attendre à une quelconque rémunération de la part de l'église. Manifester cet empressement, l'effort, la souplesse et le soin dans l'accomplissement. **ROMAIN 12:11**
- Un grand **Courage**, il n'est doit donc pas être un paresseux, mais travailleur, bosseur. Son courage peut définir ses qualités
- Un vrai **Sérieux** en exerçant cette activité, avant, pendant et après le culte, être calme. Agir par précipitation, c'est mépriser Dieu. **JEREMIE 48:10**. Autrement, il doit travailler sur la dignité du culte.
- Un énorme **Enthousiasme** : il doit manifester cette conviction vis à vis des choses divines dont il veut faire engager le peuple, il doit savoir que sa conscience peut influencer tout le monde. Cet enthousiasme ne doit non plus déborder (pour éviter la légèreté).

- Une **Vie spirituelle** équilibrée, stable et équipée : il est avant tout un homme spirituel rempli aussi des dons de l'esprit, c'est à dire il doit être un intime du Saint Esprit et cette spiritualité doit être équilibrée pour se permettre d'approcher les nouveaux païens ou les incompris. Trop spirituel rend les moins compréhensifs ignorants ne sachant quoi dire devant Dieu vu leur immaturité.

- Une **Sensibilité** spirituelle très active, dans un culte tout peut arriver en bien ou en mal. D'où il doit être en quelque sorte comme une sentinelle du culte sur le plan spirituel. Il peut recevoir un message, une direction de prière, voir un danger ou il peut libérer une atmosphère surnaturelle pendant le culte.

- Une forte **Motivation** : il est non seulement le motivateur mais le plus motivé des autres pour communiquer le meilleur de soi et faire participer les autres au culte. Il doit savoir ramener les esprits dans la présence divine par son sens de motivation.

- Une **Humilité** remarquable : il doit se rendre compte qu'il est serviteur du travail d'autrui (Dieu) et non le sien dont il est le boss, il ne doit pas penser qu'il est plus grand que tous pour prouver ses capacités spirituelles sur les autres. **1 PIERE 3:8.**

4. ETHIQUES ET DEONTOLOGIES

Il s'agit ici des valeurs morales, obligations et devoirs qu'un modérateur doit respecter dans l'exercice de ses taches ou dans un culte.

4. 1. Accoutrement et apparence physique

L'accoutrement du modérateur peut dans un autre sens donner la couleur même du culte, c'est à dire ça peut faire réussir ou amener la distraction et faire rater le bon déroulement du culte. Il doit s'habiller décemment et pas trop compliqué, moins encore être extravagant dans son habillement, il y a des gens qui sont spécialistes en critique au lieu de prier, ils seront là juste pour critiquer ton habillement et embrouiller le culte. Eviter surtout les habits sexy devant les gens ou toi-même tu te sens déjà mal à l'aise. Ce n'est pas un défilé de mode ou une fête de sapeurs. **1 TIMOTHEE 2:9**.

Habillez-vous d'un pagne, une blouse qui couvre les épaules, une chemise manche longue de préférence, enfiler dans un pantalon pas trop serré ou sur mesure, pas de make up du genre dégoutant ou frappant, pas de longs cils, pas de piercing partout au visage, pas de pantalon déchiré, pas de courte robe, des chemises transparentes, pas de bras cassés, pas de robe ou chemise d'un seul bras (pour les femmes), pas de longs talons, pas de babouche, pas de longue chainette, pas de longs ongles artificiels, des bagues sur tous les doigts, pas des habits exposant ta poitrine ou tes cuisses ou encore des parties intimes de ton corps. Bref pas de complication inutile.

Mais aussi être simple ou décent dans son accoutrement ne veut pas dire ETRE SALE, tu ne peux pas au nom de la simplicité se présenter très sale ou bizarre devant Dieu non. Notre Dieu est propre, son ciel est propre d'où il faut être présentable devant lui et les hommes. Cela peut être un manque du respect à Dieu et aux hommes. Tu peux décourager les gens et étouffer l'atmosphère. Bref ton bel accoutrement peut mettre le peuple à l'aise, de bien prier et faire descendre la gloire de Dieu. **EXODE 28:2**.

Parlant de l'**Apparence physique**, un modérateur ne peut pas diriger le culte où tout le temps il a des mains dans les poches comme s'il enseignait son propre cours à ses étudiants, il fait sentir le son des semelles de ses chaussures (koo ko ko), il suce ses lèvres chaque 3 minutes, touchant ses barbes plusieurs fois, chew gum pendant qu'il dirige, c'est un manque du respect total. Il faut que ta présence physique porte un message, soit admiré de tous, c'est aussi un signe de grandeur et du respect à Dieu et aux hommes.

4. 2. <u>Expression faciale</u>

Le culte dans lequel tu es appelé à présider n'est pas un lieu de faire montrer ta colère, un modérateur ne peut pas avoir un visage froissé ou serein à la suite d'un problème soit avec sa femme à la maison, soit à une remarque faite par son frère, son leader…

Ne montrer pas non plus un visage d'une personne qui a trop de soucis (factures et autres). Ton visage peut communiquer la joie et donner envie de prier ou d'adorer Dieu. Un visage énervé fait peur. Parler par exemple de la joie avec un visage totalement défait n'incitera personne à participer dans ce que tu leur demande. Il faut avoir un visage ouvert, souriant car tu es en face des gens qui ont beaucoup de problèmes, d'autres ont juste besoin de ton sourire. Ne pas regarder les autres avec dédain comme s'ils étaient sales ou parce qu'ils t'énervent.

4. 3. Tonalité

1 TIMOTHEE 5:1-2. La voix d'un modérateur fait l'objet de réussite ou d'échec d'un culte. Pendant le service, un modérateur ne peut pas crier sur les gens puisqu'ils ne prient pas ou ne dansent pas. Ce ne sont pas tes enfants ni tes fils spirituels ou encore parce que tu es oint non. *L'onction ne te donne pas le droit d'être impoli.*

Pendant le service, il doit équilibrer sa voix de ne pas être trop élevée, pour ne pas faire baisser la voix du peuple, le travail prendra un seul sens et il sera très chargé car tous vont commencer à vouloir plus l'écouter et parler à voix basse. Il doit être en mesure d'écouter le peuple qui prie ou chante et se faire aussi entendre car lorsque tout le monde arrive à écouter le modérateur, cela motive.

4. 4. Ponctualité

Un modérateur n'est pas une star, un leader musicien d'un orchestre pour se présenter dans un service en retard ou après déjà l'arrivée des gens. Quelques soient les imprévus, il doit toujours s'apprêter, se préparer pour arriver à temps et avant tout le monde.

La maladie de l'église actuelle surtout africaine, c'est de croire que venir en retard fera de toi une star alors que tu vas rater les bénéfices du début du culte. Il doit venir avant sans attendre les autres remplir la salle pour débuter le programme, il vient pour Dieu, alors il lui suffit juste de remarquer la présence de 2 ou 3 personnes et commencer sa modération, **MATTHIEU 18:20**.

5. VIE DE PRIERE

Etant un éclaireur du culte, un modérateur fait face aux combats et tant d'autres réalités, il peut même être attaqué, frappé physiquement, recevoir des coups et tomber en plein service. Le diable cherchera toujours à empêcher le peuple de ne pas louer Dieu et bénéficier de sa gloire.

Le modérateur peut tuer ou donner vie à un culte, donc avant de monter du haut de la chaire, il doit beaucoup prier. D'où la prière doit être sa priorité, sa source même d'inspiration car sans la prière il lui sera difficile de présenter un travail de qualité et de faire face aux esprits démoniaques, **1 THES. 5:17**. Soit Dieu peut agir dans sa souveraineté mais lui, risquerait d'être frappé par manque de vie de prière. Il doit prier avant et après le service. Bref il est un intercesseur qui doit avoir beaucoup de temps dans la prière et se faire couvrir toujours par le sang de Jésus Christ car il arrivera qu'il soit vidé de tout.

Sa prière pendant le service doit dégager une passion, un désir ardent, une sincérité et une pureté du cœur et non une prière impressionnante. Elle doit toucher les cœurs de Dieu et des hommes.

6. FACE AUX AMIS HOMMES DE DIEU

Un modérateur ne doit pas venir nous présenter du haut de la chaire les comédies ou les bêtises de l'orateur parce qu'ils sont amis. Il doit le traiter selon son titre, avec honneur et respect. La chaire n'est pas un podium de spectacle pour venir relater des choses inutiles concernant les sales amitiés entre hommes de Dieu. **1 TIMOTHEE 5:17**.

Il n'est pas non plus le prédicateur pour prendre tout son temps simplement parce que sa modération était wow. Il doit respecter son temps et celui des autres. Les amitiés doivent être mises à l'écart pour éviter le débordement de langage et détruire le sens du culte. *(Par exemple présenter l'orateur qui est ton ami et dire, mon ami que vous voyez ici, il faisait pipi au lit jusqu'à l'âge de 7 ans hein. Il aimait beaucoup les femmes mais Dieu l'a appelé hein)*. Soyez mature pour ne pas nuire l'onction et la réputation de l'autre. Il faut chercher à posséder l'attention de tous avant la présentation de l'orateur pour créer un good feeling et un équilibre dans le message.

7. PARTICIPATION AU CULTE

Un modérateur a une grande responsabilité dans la réussite ou l'échec d'un culte. Il est censé être très actif pendant le culte pour maitriser le rythme du culte, les mouvements de presque tous. Il peut facilement savoir la température du culte en observant les attitudes de tout un chacun, leur attente, et entrer en interaction avec tous.

Chapitre troisième :
LA MODERATION

1. DEFINITION

Définir ce mot modération parait complexe au dépend des évènements, mais pour nous il est assez pratique étant donné qu'il s'agit du culte que nous rendons à notre Seigneur Jésus Christ.

La modération n'est pas :

- Une prédication, moins encore une évangélisation

- Un moment de service prophétique ou de prier en langue

- Un ministère à temps plein ou la seule chose à faire à l'Eglise

- Un moment de plaisanterie ou de blague sur la chaire

- Un moment de publicité personnelle (recherche de la gloire)

- Un moment de réponse, des attaques aux gens avec qui vous avez des différends, aux personnalités publiques ou encore hommes de Dieu.

La modération est :

- Présider, conduire (un culte, un évènement, une manifestation…)

- Un temps où le peuple de Dieu quitte le naturel au surnaturel.

- Le discernement d'un culte dans son ensemble

- La direction donnée par Dieu et dirigée par son choisi pour faire entrer le peuple dans le vif du sujet qui est l'adoration à Dieu.

- Un moment fort pour l'église de découvrir ce qui devrait se produire.

- Un moment de formation pratique pour les futurs prédicateurs, leaders, capable de diriger le peuple, le faire connecter à l'action du Saint Esprit et le faire oublier tout stress ou toute dépression.

- Un temps de découverte d'un serviteur devant un grand public mais aussi un temps qui peut le faire disparaitre devant ce même public.

Bref, c'est un service pour un culte rendu à Dieu et non aux hommes.

2. PLACE DE L'EXHORTATION

Une bonne modération doit toujours être soutenue par les écritures bibliques c'est à dire une grande partie des sujets doivent trouver comme soubassement dans la bible pour donner de la puissance et communiquer l'envie de prier, chanter ou participer au culte complet. Mais il faut savoir faire la différence entre l'exhortation dans la modération et la prédication ou encore une autre raison d'exhorter, c'est à dire une exhortation pendant une modération ne peut pas prendre plus des minutes mais c'est juste pour soutenir les sujets de prière ou autres moments dans la présence divine.

Exhorter veut dire soutenir tes sujets de prière, motiver les gens sur ce que tu leur demande de faire et rester dans ce que la bible dit ou ce qu'elle demande de faire selon les écritures. **1 TIMOTHEE 4:5**

3. EXERCICE DES DONS SPIRITUELS

Il peut arriver pendant la modération que le Saint Esprit déverse ses dons ou encore le modérateur peut avoir un don, qui pendant le service lui pousse à l'exercer. Dans ce cas il faut vraiment équilibrer, comme nous l'avons dit ci haut que la modération n'est pas un service prophétique, mais cela n'empêche aussi en rien que les dons soient exercés pendant la modération, selon l'atmosphère créé.

Seulement il n'est pas nécessaire de se conserver dans la l'exercice des dons alors qu'il y a beaucoup d'autres choses à faire. Quand le don se manifeste dans la foule, il est possible que cet esprit soit soumis au pasteur ou à une autre personne qui a le même don que l'autre là pour continuer la modération. **1 CORINT 14:32-38**.

Trop d'exercices des dons (surtout prier en langue et service prophétique) pendant la modération ralentissent le rythme d'un culte.

4. LES SUJETS DE PRIERE

Dire qu'il existe un modèle ou une liste définitive des sujets de prière pour une modération ne parait pas vrai mais il y a des principes que la bible nous recommande pour donner et diriger les sujets de prière dans un culte.

Une modération ne doit pas forcément commencer et finir par la prière bien que **1THES. 5:17** nous recommande de prier sans cesse. Mais il faut rendre à Dieu un culte complet pour ne pas charger ou sécher plusieurs, surtout ceux qui sont nouveaux à l'église.

En terme pratique, nous nous tâcherons de donner dans les lignes qui suivent, quelques techniques et stratégies de diriger les sujets de prière pendant la modération.

4. 1. <u>Sujets clés ou très connus</u>

Voici quelques sujets qui reviennent souvent dans une modération et les techniques de les diriger ces sujets :

- Remercier Dieu

- Demander pardon à Dieu

- Se sanctifier et tout le culte

- Invoquer le sang de Jésus

- Faire appel au Saint Esprit

- Chasser les démons et tout esprit qui peut empêcher le bon déroulement du culte

- Prier pour les autres (intercession)

- Prier pour le culte (la gloire divine descend) et autres sujets.

4.2. <u>Techniques de les diriger</u>

En voici quelques techniques :

- Il ne faut jamais donner des longs sujets et prier pendant longtemps surtout en langue. Cela peut fatiguer, compliquer les nouveaux venus.

- Ne pas prier avec orgueil ou une certaine négligence mais priez tout en étant humble même si le sujet ne te concerne pas, priez pour l'autre se trouvant dans ladite situation.

- Il ne faut jamais prier no stop, genre parler depuis longtemps (cela fatigue) mais il faut laisser le temps libre ou vide, un temps de contemplation, cela permet de se ressourcer ou peut être un message pourrait sortir de la foule car il s'agit de la prière donc Dieu peut vouloir aussi parler à son peuple. Ce n'est pas un travail des robots.

- Il ne faut pas prier plus ou moins fort que les autres (pas trop hausser ou trop diminuer la voix). De fois les gens aimeraient s'écouter pour se motiver. Mais aussi tu es la voix principale que tous doivent écouter physiquement avant d'écouter celle de Dieu.

- Il ne faut pas trop fermer les yeux pendant longtemps, tourner le dos ou son regard vers un seul côté, bien que pour plusieurs c'est pour éviter la distraction mais on peut vouloir te signaler quelque chose et tu dois avoir le contrôle du mouvement de l'esprit et de la salle.

4. 3. <u>Rôle du Saint Esprit et prière d'intercession</u>

En effet, ces 2 éléments pertinents explicitent une forte présence divine pendant la modération. D'une manière ou d'une autre, le Saint Esprit demeure et reste la source principale de tous les sujets de prière lors d'une modération. Cela veut dire les sujets donnés doivent provenir d'abord de lui, il reste le seul à inspirer tel ou l'autre sujet, de même il peut interdire un sujet pendant la modération. Tout comme il peut donner un seul sujet ou demander de rester calme pendant un long moment, tout dépend de lui. **1 CORINT. 2:10**. Alors ne soyez pas étonné de voir le Saint Esprit te donner des sujets qui ne semblent pas être à l'ordre du jour. Néanmoins reste très sensible à la voix de l'esprit. **AMOS 3:7**.

Quant à la ***prière d'intercession***, il faut toujours prier pour les autres afin d'équilibrer la présence de Dieu, c'est à dire que tous participent et bénéficient de la gloire répandue dans l'église. Tous ne viennent pas avec la même soif, le même esprit mais d'autres avec faiblesse, soucis et la bible dit les forts doivent supporter la faiblesse des autres. **ROMAIN 15:1; EPHESIEN 6:18**. Prier pour les autres, permet à Dieu de toucher tout le monde dans un culte.

5. <u>TRANSITIONS DES MOMENTS FORTS</u>

Dans une modération, le modérateur doit bien maitriser les mouvements de l'esprit, ce n'est pas obligatoire d'exploiter tous les sujets de prière prévus, c'est à dire il peut y avoir un sujet qui emballe toute l'église dans la prière, il faut savoir si c'est tout ce que le Seigneur veut en ce moment-là, au lieu de changer le sujet qui pourrait diminuer l'intensité ou la soif de prier. Tu peux faire arrêter de prier par rapport au temps mais sois en sure du sujet qui succède, d'où c'est mieux de couler dans cette atmosphère du Saint Esprit.

La transition ou le changement des sujets doit aussi suivre le rythme de l'esprit, il peut arriver que le Saint Esprit vous demande de bouleverser le plan, ne soyez pas trop théologique mais soyez spirituel.

Un jour dans un culte matinal, je n'avais que 35 minutes de modération, l'esprit de Dieu nous demandait tous de l'adorer par terre et une fois commencé, nous étions tous saisis, nous avons passé un culte de 5h00 à 10h du matin sans forcer personne de rester et avec un seul sujet d'adoration, les autres pleuraient, tournaient par terre la parcelle était envahie par la présence divine au point ceux qui restaient dans les maisons sont sortis pour nous rejoindre, il y avait des délivrances, dispensation des dons, miracles. L'orateur emporté par le même esprit et moi je ne savais plus quoi faire car chacun rendait culte à son Dieu selon l'esprit. On s'était rendu compte qu'il était 10h, jusqu'aujourd'hui je ne sais pas le sort de ceux qui devraient aller au boulot.

Savoir se laisser conduire par le Saint Esprit est l'un des plus grands secrets de réussite d'une modération dans un culte.

6. STRATEGIES D'UNE BONNE MODERATION

Voici quelques stratégies pour réussir une modération :

- Ne pas monopoliser la parole et, présider avec la langue que tu maitrise (pour éviter les insuffisances ou le complexe).

- Créer du temps à d'autres d'intervenir (témoignages, cantiques personnels, prière d'ouverture par quelqu'un d'autre si nécessaire).

- Donner du temps libre à tout le monde de prier et se faire entendre.

- Participer physiquement au déroulement du culte (danser, prier, faire ce que font les autres).

- Garder toujours un bon tempérament.

- Tourner les yeux dans toute la salle et non dans seul coin ou sur une seule personne. C'est-à-dire commencer par capter les attentions de tous car beaucoup reviennent de plusieurs choses, ils doivent faire le vide de leur pensée avant de se connecter à la présence de Dieu (soit une histoire amusante, un mouvement qui peut attirer leur attention, une expression naturelle...).

- Commencer toujours la modération par une prière d'ouverture (soit par le pasteur titulaire ou soit par toi-même).

- Commencer toujours la modération par une lecture biblique qui va introduire les gens dans la prière.

- Ne pas signaler sur la chaire quelque chose qui ne va pas bien ou ça manque (la musique, n'étalez pas les erreurs pendant la modération).

- Etre prompt à prendre action quand tu peux et ne pas attendre les autres (arrêter une action, un faux pas s'il faut mais avec sagesse).

- Se corriger aussitôt une erreur est commise, c'est à dire si c'est une phrase mal prononcée, reprend la sur le champ avec rectification sans hésiter ni attendre sinon ça créera une forte frustration en toi.

- Changer de rythme ou de stratégie sans avoir honte ni de jouer la victime aussitôt que tu remarques la modération ne va pas bien.

7. TIMING

Selon toutes les définitions précédentes, le temps d'une modération dépend des cérémonies ou du cadre aussi mais ici nous parlons de la durée de la modération d'un culte à l'église.

Généralement dans un culte à l'église, la modération ne peut pas aller au-delà de **45 minutes** afin de ne pas fatiguer les gens et de donner au prédicateur un bon moment de prêcher. Mais elle peut croiser une atmosphère inattendue à l'église et qui obligerait le modérateur de continuer selon *l'ESPRIT* et non selon son sentiment juste parce que l'esprit est descendu (c'est du désordre}. D'autres fidèles qui ont des occupations peuvent fuir à cause du débordement.

La gestion du temps dans une modération demande plus de professionnalisme vu les étapes d'un culte (les témoignages, cantiques, moments de prière et les imprévus), dans certaines églises beaucoup d'étapes ne sont pas trop prises en comptes juste pour éviter le débordement du temps. D'autres même simplifient la façon de les procéder. Par exemple pour la rubrique des témoignages, on récolte les témoignages de tout le monde et une seule personne les recite pour éviter le dépassement du temps, car juste pour dire je bénis Dieu de m'avoir guéri de telle maladie, d'autres rentrent même 10 ans passés alors que nous sommes en 2023. C'est du gaspillage du temps.

Dans plusieurs églises ce problème de débordement du temps de la modération est parfois causé par les caprices soit des autres qui sont censés intervenir dans un moment précis, soit le prédicateur vient en retard, soit même il est là mais coffré au bureau du pasteur qui l'a invité et le modérateur séché qu'il est, n'a plus de choix. Bref, le temps d'une modération doit être bien calculé et règlementé.

8. CAUSES DE L'ECHEC ET DIFFICULTES RENCONTREES

8.1. Causes d'une mauvaise modération

Une modération mal faite lors d'un culte a plusieurs raisons de la part du modérateur ou l'organisation entière de l'église mais selon notre expérience dans ce travail depuis l'écodim, la cause principale hormis le *PLAN DU DIABLE* et la *VIE DE PECHE*, c'est le *MANQUE DE PREPARATION* sur tout le plan.

Voici donc quelques autres causes :

- Manque de préparation (on n'est pas prêt, hors sujets, trop de blagues) et manque de concentration (prière, lecture…)
- Mauvaise cohésion avec les autres ouvriers ou l'orateur
- Manque du respect de l'heure (débordement du temps prévu)
- Trop d'autorité, crier sur les gens (elle rend dictateur)

- Effectuer le travail de l'autre (prêcher, chanter…)
- Manque d'amour et d'humilité (travailler pour une perdiem)
- Rechercher sa propre gloire en parlant trop de soi même
- Manque d'attention aux détails (les mouvements des gens)
- Vouloir prouver sa puissance aux autres (esprit de concurrence)
- Déconcentration par suite des problèmes familiaux (dispute avec sa femme, les enfants malades, pas d'argent pour les factures…)
- Le problème sanitaire (maladie, anomalie, choc…)

8.2. Difficultés rencontrées

Tu peux bien te préparer mais ta modération ne passe pas, le peuple n'est pas de même morale que toi, pas de feedback ni attention et tu peux en croire que tu l'as très mal préparé, voici ce qui peut être la cause de toutes ces difficultés :

- Les gens fatigués et les stress du boulot
- La mauvaise humeur, l'incompréhension (boude, refus d'obéir …)
- Les soucis, problèmes familiaux…
- Les caprices téchniques et celles des chantres
- Le climats (surtout pendant la saison sèche)
- Le problème de l'église (querelles, les divisions)
- Les attaques des sorciers et la vie du péché des ouvriers.

9. **QUE FAIRE** (en cas d'échec ou de contrainte)

Quelle que soit la préparation de qualité d'une modération, il y a des jours où celle-ci rate ou ne réussit pas. En ce moment-là le diable profite pour inculquer dans ta tête le nul que tu es, le manque d'onction, que les gens vous humilieront, il te dépose ensuite des arrières pensés, des idées nuisibles pour s'éloigner du plan de Dieu.

Néanmoins, si c'est pendant le culte n'arrête pas ce que tu fais comme modération, fonce encore tout en cherchant l'orientation du Saint Esprit de te trouver une piste de secours pour se remettre à jour. Ne diminue pas l'intensité de ton travail puisque les premiers efforts ont abouti à un résultat inattendu. Donc bosser dur sans arrêt.

Si c'est après le culte, rassure-toi que tu es un serviteur de Dieu et que tout est lié à sa volonté, décide-toi de travailler, se remettre plus vite par les voies de prière, lecture biblique ou encore en parlant avec ton pasteur, encadreur, autre frère de l'église de t'aider.

Sache-le aussi que l'échec peut être une voie inévitable de tout le monde mais qui peut être vaincu par la grâce de Dieu. C'est une école de l'expérience pour un chrétien. Il ne faut jamais se faire dominer par les réactions négatives du diable ou d'autres, donc ne permet pas de faire entrer en toi une critique qui va dans le sens de nuire ta spiritualité, ton zèle de servir Dieu.

C'est aussi important de prélever ce qui n'a pas marché et commencer à corriger cela pour les prochaines fois. Ne jamais fuir ce travail pour lequel tu as connu l'échec, c'est à dire revenez avec un vif désir de faire le même travail, pas pour prouver ceux qui se sont moqués de toi mais pour manifester ton amour envers ton Dieu.

Ne te justifie pas auprès des personnes pour trouver une consolation. C'est un travail qui appartient à Dieu et lui seul voit et connait tes efforts, ton attachement à son œuvre. Autrement dit, il ne faut pas se culpabiliser pour ce qui vient d'arriver mais sens-toi toujours prêt et plus fort qu'avant, et surtout n'accuse personne comme responsable de ton échec.

10. <u>LA MUSIQUE ET LA MODERATION</u>

Le département de musique est l'une des voies de réussite d'un culte et il sert d'appui, de soutien à la modération. Si l'on peut dire que ces deux services coopèrent pour un culte agréable à Dieu.

Une bonne modération se définit aussi par la qualité des chansons au regard des sujets donnés par le modérateur. Très souvent les chantres surtout au jour actuel, sont le sujet de distraction dans les cultes car ils ne prient pas, ne participent pas dans l'ensemble du culte alors qu'ils sont porteurs de la gloire divine au travers de leurs cantiques. C'est pourquoi il est bon au modérateur de travailler toujours en amant avec la chorale pour une bonne direction du programme (savoir le genre de culte : de puissance, de famille, de sainteté ou autre)

Ce n'est pas vraiment trop professionnel au modérateur pour chaque sujet de prière de solliciter un cantique de son choix ou de l'imposer mais il peut pour certains cas le proposer aux chantres.

Quand on n'est pas musicien même si c'est toi le modérateur, évites de vouloir déranger la chorale, cela peut déconcentrer et produire un travail qui détruira le culte et les attentes.

Peu importe la puissance ou l'impact de la musique, la modération ne doit en rien dépendre totalement de la musique, c'est à dire l'échec d'une modération ne doit pas être fruit de l'absence de la musique. Mais il est possible qu'une mauvaise musique détruise la modération d'un culte.

Une bonne modération doit toujours donner du temps à la musique. Et pour les chantres, le choix de leurs cantiques doit émaner d'une vie de prière, des écritures de la bible, ils ne peuvent pas chanter n'importe quelle chanson juste parce que c'est sensationnel. Ils doivent être spirituels comme dit dans **JEAN 4:24** afin de présenter une adoration ou une louange propre à Dieu.

NB : Lorsqu'un cantique crée une bonne atmosphère, il est conseillé aux chantres humblement de ne pas directement changer un autre cantique mais se laisser couler avec la puissance de ce chant.

Chapitre quatrième :
30 conseils pratiques pour une bonne modération

Dans ce chapitre il est question de savoir ce qu'il faut et ce qu'il ne faut pas faire dans une modération d'une manière générale. Plusieurs éléments déjà énumérés précédemment, pourraient revenir encore pour marteler sur ce qu'un modérateur ne doit pas oublier ou négliger :

1. Il faut en tout, orienter le peuple vers Dieu et non vers toi car l'importance c'est Dieu et pas toi. Développer un climat de célébration.

2. Ne pas crier tout le temps au micro, ça fait trop mal et de bruits aux oreilles, et empêche de ne pas bien écouter les sujets de prière.

3. Veillez sur ton langage vis à vis de tous car il y a des plus âgés que toi, pas d'insulte ni d'intimidation, ne pas crier sur eux (du respect).

4. Etre humble même après la réussite de ta modération et ne pas faire trop de publicités de tes qualités ou exploits spirituels, moins encore des individus car c'est un culte à Dieu et non de ta famille. Cette humilité ne doit en rien enlever ton autorité mais elle te fera respecter.

5. Ne pas trop se passer pour le plus spirituel que tous de ton église ou croire que c'est toi l'incarnation de la spiritualité. C'est à dire pas trop profond (fermer longuement les yeux, bien que ce soit bon pour se concentrer), mais aussi pas trop charnel ou distrait.

6. Ayez la maitrise de soi et le charisme spirituel ou physique (pas d'agitation ou de palpitation), se contrôler à chaque action. Ne pas s'emporter par la sensation de la foule ou du Saint Esprit.

Ne faites pas comme moi au début, pour la première fois je prêchais par manque de control et maitrise de soi, juste en voyant l'onction du Saint Esprit toucher les gens, du coup j'ai enlevé mes chaussures comme si je montais ce même jour-là au ciel.

7. Ne pas monopoliser la parole pendant la modération ou trop parler seul pendant des heures et des heures, c'est être très égoïste. Il faut offrir un temps des paroles libres, des moments de silence favorisant l'écoute de l'esprit.

8. Ne pas considérer la modération comme une occasion de régler ses comptes avec certains membres de l'églises, c'est à dire éviter les polémiques et les comparaisons qui ne sont pas prioritaires.

9. Ne jamais monter sur la chaire pour modérer alors que tu reviens du péché, on ne se moque pas de Dieu et la chaire est sacrée. Sanctifie-toi

10. Observer les moindres détails, tu es le maître du culte que Dieu a établi pour amener son peuple vers lui, contrôle les mouvements, gestes de tous y compris les signaux des autres membres.

11. Ne pas être très exigeant au choix des cantiques ou aux gens de faire obligatoirement ce que tu veux, c'est de la dictature.

12. Etre toujours autoritaire, savoir prendre control, possession du culte et même des âmes, une autorité qui est spirituelle et qui est différente de la dictature, c'est à dire contrôler spirituellement ce qui se passe et dominer le culte pour ne pas donner accès au diable.

13. Evitez trop d'exemples mondains ou qui ont trait au siècle présent, aux choses n'honorant pas Dieu même si la nature nous enseigne sur beaucoup de choses (parles-en mais pas trop), surtout les pas de danse qui ressemblent à ceux des païens.

14. Utilisez largement les textes bibliques ou faire recours aux passages de la bible, aux exemples bibliques ou des chrétiens, ça motive la foi.

15. Etre un modèle dans toutes les taches, c'est à dire être le premier à répondre ou à faire ce que tu demandes aux autres de faire (quand tu dis priez, toi même aussi prie…).

16. Evitez trop de blagues, trop d'humours, il faut respecter la personne de Jésus. Tu n'es pas là pour faire rire ni un spectacle, tu es là pour Dieu et ses affaires, faire rire est une partie de la modération car Dieu aime ça et cela attire aussi l'amour et la gloire mais ta modération ne peut pas être du début jusqu'à la fin faire rire des gens surtout avec les futilités. Nous avons déjà beaucoup d'artistes qui font ça donc svp.

17. Ne pas être aussi trop colérique, tu n'es pas dans un dojo de judo, le travail de Dieu marche bien quand il y a la joie car il y a la liberté d'esprit, Dieu opère plus vite là où la joie est partagée, sois souriant.

18. Evitez de trop mélanger des choses en se répétant tout le temps, sois objectif quand tu es sur un point, fait donc l'effort d'évoluer.

19. Evitez de jouer le rôle de tout le monde durant ta modération, chacun doit être à l'aise dans ce qu'il doit faire. Surtout de prendre la place de l'orateur (une des grandes tentations des modérateurs).

20. Evitez des discussions, s'énerver sur la chaire en plein service. Manifester toujours la politesse, la courtoisie quand tu veux demander, refuser ou autoriser quelque chose pendant la modération, surtout minimiser les gens par des reproches négatives ou par complexe de supériorité. Ce ne sont pas tes domestiques que tu paies à la fin du moi.

21. Partagez les mêmes émotions, sentiments que les autres manifestent pour montrer à quel point vous êtes ensemble, connectés et que vous ressentez la même chose, intègre cette grande diversité d'expérience actuelle qui se crée pendant ta modération (pleurer avec eux quand ils pleurent, crier de fois quand ils le font…).

22. Faire ce que tu avais prévu de faire sans le signaler, évitez trop d'improvisation de peur que tu te perds (surtout les choses que ton pasteur n'en est pas au courant ou qui peuvent créer un scandale, à moins que tu sois vraiment inspiré de Dieu), il faut éviter aussi de faire ce que tu ne sais pas faire.

23. Evitez d'ignorer l'autorité du leader de l'église parce que tu es utilisé par Dieu. Mais aussi, il ne faut pas trop effacer ta présence physique car les gens doivent aussi savoir qui est devant eux, c'est à dire fais toi connaitre mais avec toute humilité et pas comme une star.

24. Il est conseillé que tout modérateur ou celui qui de fois est choisi de présider un culte, de faire partie de l'équipe d'intercession (être intercesseur pour ta spiritualité) et d'avoir toujours le temps de prier avant de commencer sa modération soit de commencer par une prière.

25. Toujours se concerter en avance avec l'orateur du jour et les chantres pour bien orienter tes requêtes de prière et pour l'uniformité.

26. Avoir l'esprit de l'excellence en toi, notre Dieu est excellent donc on doit chercher à faire comme lui. Un modérateur est un homme d'excellence et qui travaille pour produire un travail d'excellence.

27. Eviter de choisir le jour ou refuser de modérer quand ton pasteur te programme, parce que ton orateur prêchera ou pas ce jour-là, tu vas décourager les autres et c'est de l'indiscipline et l'échec dans tout ce que tu feras. Mais averti par l'esprit ou à la suite d'une méconduite, tu peux parler à ton leader les raisons de ne pas t'aligner.

28. Il est conseillé aux églises pour un bon équilibre et une bonne cohésion, de former plus les chantres dans ce service de modération car ils ont une connexion directe entre leurs cantiques et le peuple, ils peuvent faciliter une bonne atmosphère dans un culte.

NB : Il s'agit ici des chantres spirituels, zélés et serviteurs sérieux de Dieu. Cette insistance est due à la négligence dans ce département par les chantres qui ne participent au culte que lors de leur prestation et ils sont chaque 10 minutes dehors, dans une totale distraction. Un chantre est un serviteur de Dieu qui doit participer au culte du début jusqu'à la fin car il nourrit d'abord son état spirituel puis il devient sage, rempli d'onction pour opérer dans le surnaturel, vous n'avez pas que besoin de chanter mais chanter avec onction et impact du Saint Esprit.

29. Apprends toujours à dire merci à Dieu pour le déroulement de ta modération, que ça marche ou pas car c'est à lui qu'appartient toute la gloire et il est maître de toute circonstance. Ne lui vole pas sa gloire.

30. Accepter toujours les critiques de son pasteur après le service et de ceux qui le font avec amour, pour ton amélioration et la perfection de l'œuvre de Dieu.

NB : Les pasteurs doivent savoir que le modérateur est le principal guide au moment du culte, d'où il faut lui laisser le temps de faire l'œuvre de Dieu et ne pas l'interrompre même quand il n'y a rien de si grave, d'autres remarques doivent venir après le culte. Cela veut dire ils doivent bien prendre le temps de le former pour éviter ce qui engendra un quelconque arrêt du culte ou désagrément.

Et aussi, nous conseillons aux modérateurs de ne pas souhaiter passer tout le reste de leur ministère seulement dans la modération car ce n'est pas un ministère à temps plein, sauf si Dieu veut que tu y restes toujours.

CONCLUSION

La modération est un travail très noble pour tout ouvrier à l'église, une grâce faite par Dieu. Elle participe à la formation spirituelle des ouvriers. C'est donc un exercice pratique qui peut faire découvrir un grand serviteur de Dieu, un grand ministère, une grande église.

Ceux qui exercent cette activité au sein des églises doivent comprendre à quel point ils sont porteurs de la gloire divine dans des cultes et qu'ils doivent veiller à leur conduite pour ne pas priver les autres de cette gloire, ce qui revient à dire qu'un modérateur est appelé à mener une vie de sanctification car il est considéré comme les fares ou le signale de ce qui doit arriver dans un culte.

Comme dit dans les lignes précédentes un mauvais modérateur est égal à une mauvaise modération qui est aussi égale à un mauvais culte. Donc la réussite d'un culte peut dépendre de la qualité de la modération. Les gens spirituels peuvent détecter l'image d'un culte juste par la modération et le modérateur, car ce dernier est un miroir de ce que Dieu prévoit faire dans la vie de son peuple.

A vrai dire un modérateur doit nécessairement dépendre du Saint Esprit pour ce travail de modération, il ne doit pas se présenter pour travailler sur base de ses propres connaissances ou expériences.

Si l'on dit que tout peut arriver dans un culte ou pendant une modération, ceci obligerait donc à tout modérateur de se préparer également à tout éventuel imprévu. Donc il doit être avant tout une personne de prière pas juste parce qu'il veut modérer mais quotidiennement il doit rester dans la présence divine. Il doit savoir qu'il est un soldat dans l'armée céleste et qu'on peut le solliciter à tout moment pour aller modérer aux cultes. Dieu fera de toi le représentant de sa gloire pendant les cultes, tu deviendras donc le porteur de sa gloire avant même la prédication.

La modération comme point de connexion entre Dieu et son peuple, exige à ce qu'elle soit faite selon l'inspiration divine et la soif de le chercher dans sa profondeur. Empêcher la modération d'être bien faite, c'est priver le peuple de la gloire de Dieu.
Bref, un exercice de fois spirituel et physique (pratique) qui permet de maitriser et savoir comment conduire les gens à rendre un culte à Dieu.

MA PETITE HISTOIRE D'ENFANCE

Depuis l'âge de l'écodim notre monitrice nous rotait dans la modération des cultes d'écodim, dans les moments forts de prière et cet exercice spirituel avait beaucoup contribué à ma formation et ma croissance spirituelle, et a fait de moi aujourd'hui un homme très puissant et fort dans la prière. J'étais pendant mon enfance, capable de prier plus de 5h du temps et par la grâce de Dieu j'ai été béni, un grand ministère a été découvert en moi et une plénitude de dons spirituels s'était répandue sur moi. Aujourd'hui, je sers Dieu qui peut m'utiliser à tout moment pendant même la modération.

Certes, il suffit juste d'aimer Dieu pour faire ce qu'il te demande, c'est alors que tu mangeras le fruit de ce que tu fais comme travail.

BIBLIOGRAPHIE

- Dieudonné O. OPESE, **Le Secret de la modération du culte**, enseignement, Shekinah Church International, Atlanta 2021
- Albert XANDRY, **Introduction à la présidence du culte**, enseignement, ecclemusica, St Denis, 25 janvier 2014
- Les cahiers de l'école pastorale, **Formation à l'animation du culte**, article du cahier n°25, Lyon, 1988
- Timothée MASAMBA, **La modération d'un culte**, formation des modérateurs, Ministère prière et famille, Washington DC, 2020
- Marie-Noel YODER, **5 conseils pour présider un culte**, formation biblique pour le service dans l'église, Centre de formation du Bienenberg, Suisse, 26 février 2019
- Doug HANK, **Dix conseils pour donner vie à vos cultes d'adoration**, enseignement, Ressources louange, Eglise New hope Community, Californie, 30 juillet 2014
- Gode YUVULA, **Comment présider un culte**, école du ministère, église Béthanie, France, février 2017
- Louis second, Sainte Bible, nouvelle édition revue, avec parallèles, Grande Bretagne, 1910.
- Em-Bible, 7 traductions différentes de la bible

TABLE DES MATIERES

Dédicaces iii
Remerciement iv
Avant-propos 5
I. LE CULTE 8
I.1. Définition 9
I.2. Caractéristiques d'un culte 10
- Etre centré sur la personne de Jésus 10
- Etre agréable à Dieu 10
- Etre totalement de l'esprit 11
- Etre raisonnable 11
I.3. Lieu du culte 12
I.4. Etapes d'un culte 12
I.5. Ce qui détruit un culte 14
II. LE MODERATEUR 15
II.1. Définition 15
II.2. Fonction 16
II.3. Caractéristiques 17
II.4. Ethiques et déontologies 19
II.4.1. Accoutrement et apparence physique 19
II.4.2. Expression faciale 20
II.4.3. Tonalité 21
II.4.4. Ponctualité 22
II.5. Vie de prière 22
II.6. Face aux hommes de Dieu 23
II.7. Participation au culte 24
III. LA MODERATION 25
III.1. Définition 25
III.2. Place de l'exhortation 26

III.3. Exercices des dons spirituels 27
III.4. Sujets de prière 27
III.4.1. Sujets clés ou très connus 28
III.4.2. Téchniques de les diriger 28
III.4.3. Rôle du Saint Esprit et prière d'intercession 29
III.5. Transitions des moments forts 30
III.6. Stratégies d'une bonne modération 31
III.7. Timing 33
III.8. Causes de l'échec et difficultés rencontrées 34
III.8.1. Causes d'une mauvaise modération 34
III.8.2. Difficultés rencontrées 35
III.9. Que faire ? 36
III.10. La musique et la modération 37
IV. **30 CONSEILS POUR UNE BONNE MODERATION** 39
Conclusion 45
Ma petite histoire.. 47
Bibliographie 48
Table des matières 49

A PROPOS L'AUTEUR

Bavé D. MAPAMBOLI, président-fondateur de la fondation Mapamboli (FoM) et auteur de divers ouvrages, lesquels vous trouverez sur Amazon et autres plates formes sur la toile :

- L'IMPACT DE L'EVANGELISATION DANS L'ŒUVRE DE DIEU : MYSTERE ET PUISSANCE.
- LE MODERATEUR ET LA MODERATION : POUR UN CULTE A DIEU

Vous pouvez également le suivre et le contacter sur :

E-mails
bmapamboli28@gmail.com
bdiasmap@gmail.com
bmapamboli28@hotmail.com

Appel
+1 (678) 608 8502
+243 81 16 310 16

WhatsApp
+1 (202) 476-0249
+243 81 16 310 16

Facebook/Page
Bavé D. MAPAMBOLI
Fondation Mapamboli

YouTube
Bavé Mapamboli Officiel

Instagram, Tweeter et Tiktok
@bmapamboli28